essentials

W0260876

essentials liefern aktuelles Wissen in konzentrierter Form. Die Essenz dessen, worauf es als „State-of-the-Art" in der gegenwärtigen Fachdiskussion oder in der Praxis ankommt. *essentials* informieren schnell, unkompliziert und verständlich

- als Einführung in ein aktuelles Thema aus Ihrem Fachgebiet
- als Einstieg in ein für Sie noch unbekanntes Themenfeld
- als Einblick, um zum Thema mitreden zu können

Die Bücher in elektronischer und gedruckter Form bringen das Expertenwissen von Springer-Fachautoren kompakt zur Darstellung. Sie sind besonders für die Nutzung als eBook auf Tablet-PCs, eBook-Readern und Smartphones geeignet. *essentials*: Wissensbausteine aus den Wirtschafts-, Sozial- und Geisteswissenschaften, aus Technik und Naturwissenschaften sowie aus Medizin, Psychologie und Gesundheitsberufen. Von renommierten Autoren aller Springer-Verlagsmarken.

Weitere Bände in dieser Reihe http://www.springer.com/series/13088

Wolfgang Griepentrog

Reputation Management für CEOs

Wie Top-Manager ihren guten Ruf sichern können

Wolfgang Griepentrog
Leichlingen, Deutschland

ISSN 2197-6708   ISSN 2197-6716   (electronic)
essentials
ISBN 978-3-658-16972-5   ISBN 978-3-658-16973-2   (eBook)
DOI 10.1007/978-3-658-16973-2

Die Deutsche Nationalbibliothek verzeichnet diese Publikation in der Deutschen Nationalbiblio-grafie; detaillierte bibliografische Daten sind im Internet über http://dnb.d-nb.de abrufbar.

Springer Gabler
© Springer Fachmedien Wiesbaden GmbH 2017
Das Werk einschließlich aller seiner Teile ist urheberrechtlich geschützt. Jede Verwertung, die nicht ausdrücklich vom Urheberrechtsgesetz zugelassen ist, bedarf der vorherigen Zustimmung des Verlags. Das gilt insbesondere für Vervielfältigungen, Bearbeitungen, Übersetzungen, Mikroverfilmungen und die Einspeicherung und Verarbeitung in elektronischen Systemen.
Die Wiedergabe von Gebrauchsnamen, Handelsnamen, Warenbezeichnungen usw. in diesem Werk berechtigt auch ohne besondere Kennzeichnung nicht zu der Annahme, dass solche Namen im Sinne der Warenzeichen- und Markenschutz-Gesetzgebung als frei zu betrachten wären und daher von jedermann benutzt werden dürften.
Der Verlag, die Autoren und die Herausgeber gehen davon aus, dass die Angaben und Informationen in diesem Werk zum Zeitpunkt der Veröffentlichung vollständig und korrekt sind. Weder der Verlag noch die Autoren oder die Herausgeber übernehmen, ausdrücklich oder implizit, Gewähr für den Inhalt des Werkes, etwaige Fehler oder Äußerungen. Der Verlag bleibt im Hinblick auf geografische Zuordnungen und Gebietsbezeichnungen in veröffentlichten Karten und Institutionsadressen neutral.

Gedruckt auf säurefreiem und chlorfrei gebleichtem Papier

Springer Gabler ist Teil von Springer Nature
Die eingetragene Gesellschaft ist Springer Fachmedien Wiesbaden GmbH
Die Anschrift der Gesellschaft ist: Abraham-Lincoln-Str. 46, 65189 Wiesbaden, Germany

Was Sie in diesem *essential* finden können

- Was ist CEO-Reputation-Management? Welche Bedeutung hat der Ruf des Top-Managers für das Unternehmen? Welche Erwartungen und Rollen muss ein CEO aus Reputationssicht erfüllen?
- Welche Handlungsfelder sind beim Management der CEO-Reputation zu berücksichtigen?
- Wie geht man beim Aufbau und bei der Pflege des guten Rufs von Top-Managern vor? Welche Spielregeln gilt es zu beachten – und von wem? Welche Infrastruktur ist erforderlich?
- Welche Risiken sollte man beim CEO-Reputation-Management im Blick behalten?
- Wie hilft dieses *essential* im professionellen Reputationsmanagement? Und wie profitieren Top-Manager und Unternehmen davon?

Vorwort

Top-Manager müssen heute viel mehr leisten, als bloß die Leistungsfähigkeit und Profitabilität von Unternehmen sicherzustellen. In der öffentlichen Wahrnehmung verkörpert die Person an der Spitze – ob Chief Executive Officer (kurz „CEO" genannt), Vorstand oder Geschäftsführer – den Charakter und die Leistungen der Firma. Er oder sie trägt als „Stimme und Gesicht" des Unternehmens eine große Verantwortung. Wegen des anhaltenden Trends zur Personalisierung wird der Unternehmenschef immer mehr zur Projektionsfläche für Lob und Wertschätzung, aber auch für Kritik am Unternehmen und für unerfüllte Erwartungen. Dabei ist seine persönliche Reputation für die Wahrnehmung und Akzeptanz des gesamten Unternehmens beziehungsweise der Unternehmensgruppe von herausragender Bedeutung. Sein persönlicher Ruf ist keineswegs „Privatsache", sondern beeinflusst in erheblichem Maß den Unternehmenswert.

Aber tun Manager an der Unternehmensspitze genug, um ihre persönliche Reputation zu sichern und zu pflegen? Ein Blick in die Schlagzeilen der Medien genügt, um festzustellen, dass der gute Ruf nicht selten leichtfertig aufs Spiel gesetzt wird. Für Unternehmen – völlig unabhängig von Art und Größe – liegt hierin ein großes Risiko. Um das zu vermeiden, müssen Top-Manager nicht nur die Reputation ihres Unternehmens im Blick behalten, sondern auch ihren eigenen guten Ruf systematisch und konsequent sichern, weiterentwickeln und dabei alle spezifischen Chancen und Risiken berücksichtigen. Das bedeutet „CEO-Reputation-Management".

Worum es dabei genau geht, worin die Herausforderungen und Erfolgsfaktoren liegen und was konkret zu tun ist, wird in diesem *essential* beschrieben. Es ist als Leitfaden für die Praxis sowie als Anregung zur Reflexion gedacht und möchte die Aufmerksamkeit auf ein weithin unterschätztes, aber unverzichtbares Handlungsfeld von Top-Managern lenken, für das es einheitliche Standards bisher nicht gibt. Manche meinen auch, man könne Reputation überhaupt nicht steuern, man würde sich eher „verbiegen" oder sich in ein enges Verhaltenskorsett zwingen. Das ist ein Irrtum. Ziel ist es vielmehr, personenbezogene Reputationsfehler oder Widersprüche im Auftritt zu vermeiden, dadurch Schäden für das Unternehmen abzuwenden und stattdessen den guten Ruf des Spitzenpersonals als Basis für geschäftliche und unternehmerische Erfolge zu festigen. Das fördert die Authentizität.

Unternehmenschefs sind bei der Pflege und Sicherung ihres guten Rufs nicht alleine gefordert. Sie sind zwar die „Hauptdarsteller" im Unternehmensauftritt, für die Regieführung im Reputationsmanagement sind aber vor allem die Kommunikationsmanager zuständig. Dabei kommt es auf ein gutes und enges Zusammenspiel an. Deswegen richtet sich dieses *essential* nicht nur an die Personen in Spitzenfunktionen, sondern auch an die Verantwortlichen im Kommunikationsteam sowie im Umfeld des Top-Managements.

Ein guter Ruf sichert Spitzenmanagern Akzeptanz und Einfluss. Kümmern Sie sich darum und überlassen Sie im Management der CEO-Reputation nichts dem Zufall!

Leichlingen, Deutschland   Dr. Wolfgang Griepentrog

Inhaltsverzeichnis

Einleitung

1

1.1 Worum geht es im CEO-Reputation-Management?

In der modernen Kommunikationsgesellschaft wird ein harter Wettbewerb um Aufmerksamkeit und Vertrauen geführt. Dabei wird es für Unternehmen immer schwieriger, mit den eigenen Botschaften Gehör zu finden und zu Kunden sowie zu anderen wichtigen Stakeholdergruppen langfristig gute Beziehungen aufzubauen. Nähe und Persönlichkeit spielen hierbei eine wichtige Rolle, denn sie erzeugen in einer als komplex und intransparent erlebten Welt ein Gefühl der Berechenbarkeit. Personalisierung reduziert Komplexität und macht die Welt einfach. In diesem Sinne erfüllt die Person an der Spitze des Unternehmens eine anspruchsvolle und facettenreiche Orientierungsfunktion. Über den Unternehmenschef wird aus einem anonymen Unternehmen eine persönliche, emotional ansprechende, berechenbare Größe. Er ist die wichtigste Identifikationsfigur, kurz gesagt, Stimme und Gesicht des Unternehmens. Sein Ruf beziehungsweise seine Reputation entscheidet nicht nur darüber, wie er selbst, sondern wie das gesamte Unternehmen von Kunden und in der Öffentlichkeit sowie intern (beispielsweise von Führungskräften und Mitarbeitern) wahrgenommen wird.

Dieser Verantwortung müssen Spitzenmanager gerecht werden und dabei viele verschiedene Aspekte berücksichtigen. Ganz gleich, ob es sich um einen kleineren mittelständischen Betrieb oder um einen großen Konzern mit tausenden von Mitarbeitern handelt, die Menschen projizieren ihre unterschiedlichen Ansprüche und Erwartungen, die sie an ein Unternehmen stellen, gewöhnlich auf die Person an der Unternehmensspitze.

Die Reputation des CEO darf deswegen nicht beliebig dem Zufall überlassen werden; sondern sie muss exakt zum Unternehmen passen und entsprechend gesteuert werden. Das erfordert professionelles Management. Konkret heißt das:

© Springer Fachmedien Wiesbaden GmbH 2017
W. Griepentrog, *Reputation Management für CEOs*, essentials,
DOI 10.1007/978-3-658-16973-2_1

1

Der gute Ruf des Managers an der Unternehmensspitze muss entlang festgelegter Ziele geplant und die Wirkung und Wahrnehmung kontinuierlich beobachtet werden. Mögliche Fallstricke und Szenarien gilt es, frühzeitig zu identifizieren. Und die Weiterentwicklung der CEO-Reputation muss mit spezifischen Aktivitäten gefördert werden.

Übertreibungen wie etwa eine extreme mediale Profilierung in der Art eines Pop-Stars, wie man sie bei Top-Managern großer, börsennotierter Konzerne bisweilen beobachten kann, oder außergewöhnliche Verhaltensweisen im öffentlichen Auftritt sind dem Ruf des Unternehmens (der „Corporate Reputation") und dem Geschäftserfolg ebenso abträglich wie ein zu schwaches, passives Profil.

In der Mediengesellschaft mit ihren Hypes und dem Trend zur Eskalation bleibt nichts unbemerkt. Selbst kleine Fehler oder Ungeschicklichkeiten von Top-Managern im Auftritt können die Wahrnehmung des gesamten Unternehmens langfristig negativ beeinflussen. Umgekehrt gilt: Der gute Ruf des CEO als glaubwürdiger, authentischer, sympathischer und engagierter Unternehmenschef beeinflusst den Erfolg und den Wert des Unternehmens positiv. CEO-Reputation-Management lohnt sich also doppelt, um Fehler und Risiken zu vermeiden und im positiven Sinn den Ruf zu festigen.

Die erfolgreiche Entwicklung der Reputation von Top-Managern setzt zwei Dinge voraus:

- **Bewusstsein:** Die Person an der Spitze des Unternehmens muss sich ihrer Verantwortung für die eigene Reputation bewusst sein. Dazu gehört die permanente Aufmerksamkeit dafür, wie das eigene Verhalten von anderen wahrgenommen wird und wie man diese Wahrnehmung (und damit den Aufbau von Vertrauen und guten Beziehungen zu den relevanten Stakeholdern) bestmöglich beeinflussen kann. Das ist nicht als Aufruf zum Narzissmus gemeint, sondern als Appell im Sinne einer selbstkritischen Reflexion.
- **Disziplin:** Ein guter Ruf stellt sich nicht von selbst ein – nur durch richtiges Handeln im Top-Management. Das ist ein weit verbreiteter Irrglaube. Er erfordert vielmehr systematisches Management und ein gutes, diszipliniertes Zusammenspiel aller Beteiligten. Schließlich sind viele sensible und komplexe Herausforderungen gleichzeitig zu berücksichtigen. Das funktioniert nur, wenn bestimmte Ziele und Koordinaten des guten Rufs eingehalten werden und sich alle – vor allem natürlich der CEO selbst – aktiv darum bemühen. Auch für den Ruf des Spitzenpersonals gilt nämlich die Erkenntnis: Es erfordert Mühe, Zeit und Disziplin, den guten Ruf aufzubauen, aber durch unachtsames Verhalten ist er rasch ruiniert.

1.2   Der Ruf des CEO ist das Kapital des Unternehmens – CEO-Reputation-Management ist eine Investition, die sich auszahlt

Eine gute Reputation ist als Basis für geschäftliche und unternehmerische Erfolge unverzichtbar. Ohne sie kann man Chancen und Spielräume nicht nutzen. Das gilt für den Ruf von Unternehmen und Organisationen (die sogenannte „Corporate Reputation") ebenso wie für den persönlichen Ruf der Personen an der Unternehmensspitze. Dieser erleichtert es den jeweiligen Kommunikationspartnern nämlich, Informationen, Produkt- und Leistungsangebote, aber beispielsweise auch Botschaften für den Kapitalmarkt richtig einzuschätzen und Vertrauen aufzubauen. Diese Schlüsselrolle wird auch in den Geschäftsberichten großer Unternehmen gewürdigt, in denen die Corporate Reputation zunehmend als wichtiger immaterieller Vermögenswert herausgestellt wird (siehe eine Zusammenstellung einschlägiger Textpassagen im Beitrag „Das Reputationsrisiko" von Manfred Piwinger in „Kommunikationsmanagement").

Der Ruf des CEO und die Corporate Reputation sind eng miteinander verknüpft. Es gibt verschiedene Studien, die aufzeigen, in welchem Umfang und wie vielfältig die Reputation des Unternehmenschefs auf den Unternehmenserfolg einzahlt und wie genau sie die Corporate Reputation beeinflusst. Als Beispiel sei die Untersuchung von Weber Shandwick und KRC Research „The CEO Reputation Premium: Gaining Advantage in the Engagement Era" genannt, die im März 2015 vorgestellt wurde. Demnach beeinflusst der Ruf des CEO nicht nur den Marktwert des Unternehmens, sondern stärkt unter anderem auch die Mitarbeiterbindung und die Attraktivität für Investoren.

Darüber hinaus sind signifikante positive oder negative Aktienkursentwicklungen, die oft nach Bekanntgabe von personellen Veränderungen im Top-Management eines Unternehmens zu verzeichnen sind, ein klares Indiz für die Bedeutung der CEO-Reputation. Wenn nach solchen Mitteilungen der Börsenwert eines Unternehmen um Milliarden Euro steigt oder fällt, wird erkennbar, wie sich der Ruf des CEO kapitalisiert.

Schwieriger zu messen, aber zweifellos als eine wichtige Auswirkung der CEO-Reputation erkennbar ist der Gewinn oder Verlust von unternehmerischem Handlungsspielraum. Oft hängt beispielsweise das Zustandekommen bedeutender Verträge von der persönlichen Glaubwürdigkeit und dem Ruf des CEO ab. Vor allem in kritischen Situationen erweist sich die CEO-Reputation als entscheidender Erfolgsfaktor, beispielsweise wenn das Top-Management in Restrukturierungsprozessen unbequeme Entscheidungen durchsetzen muss oder in Krisen erschüttertes Vertrauen zurückgewinnen will. Die Auswirkungen auf den Unternehmenswert sind dann unmittelbar spürbar.

Obwohl der gute Ruf von Spitzenmanagern grundsätzlich im Unternehmensinteresse liegt, steht es mit ihrem Ansehen in der Gesellschaft nicht zum Besten. Im Vergleich zu anderen Berufsgruppen schneiden sie in der Beliebtheitsskala regelmäßig schlecht ab. Die in sie gesetzten Erwartungen und die tatsächliche Wahrnehmung in der Öffentlichkeit klaffen weit auseinander (siehe z. B. die jährlichen Erhebungen des Edelman Trust Barometers). Systematisches CEO-Reputation-Management sichert das Vertrauenskapital und ist eine Investition zugunsten künftiger Unternehmenserfolge. Der damit verbundene Aufwand lohnt sich in jedem Fall.

1.3   Der CEO als Marke – Rollen und Reputationserwartungen an Spitzenmanager

Ziel des CEO-Reputation-Managements ist es, den Unternehmenschef als glaubwürdige, Vertrauen schaffende Markenpersönlichkeit zu profilieren, genauso wie auch das Unternehmen selbst sein Profil als attraktive, sympathische und glaubwürdige Unternehmenspersönlichkeit in der Öffentlichkeit sowie gegenüber internen Zielgruppen schärfen sollte. Wenn man den CEO als Marke begreift, versteht man, welch vielfältige Erwartungen damit verbunden sind.

Aus Reputationssicht muss der CEO folgenden Rollen gerecht werden:

- Er ist die zentrale **Identifikationsfigur** und damit der wichtigste Orientierungspunkt für interne und externe Stakeholder. Er verkörpert die Identität des Unternehmens, das heißt er spiegelt in der Art, wie er sein Mandat an der Unternehmensspitze ausübt und wie er persönlich auftritt, die Eigenschaften der Unternehmensmarke wie zum Beispiel die Philosophie und Kultur wider. Wertschätzung, aber auch Kritik am Unternehmen projizieren Kunden und interessierte Öffentlichkeit auf seine Person. Intern fungiert er als Leitbild im doppelten Sinne – als Vorbildfigur (persönliches Leitbild) sowie als Pfleger des verbindlich formulierten Unternehmensleitbilds. Seine persönliche Ausstrahlung überträgt sich in der internen und externen Wahrnehmung auf das Unternehmen und beeinflusst sie positiv. Vom Manager an der Unternehmensspitze wird daher erwartet, dass er 100-prozentig konform zur Unternehmensmarke auftritt und den Menschen über seine persönliche Reputation die positive Meinungsbildung über das Unternehmen erleichtert.

- Damit bildet er den **Vertrauensanker.** Er ist derjenige, an dessen Ruf Kunden, Öffentlichkeit und interne Stakeholder ihr Vertrauen in das Unternehmen festmachen. Das sogenannte Organisationsvertrauen – damit wird das Vertrauen in Unternehmen bezeichnet – wird durch das persönliche Vertrauen in den Spitzenmanager maßgeblich geprägt.
- Er ist der oberste **Erwartungsmanager** des Unternehmens. Die Glaubwürdigkeit einer Organisation hängt wesentlich davon ab, wie gut sie den Erwartungen der Stakeholder gerecht wird. Das heißt nicht, dass ein Unternehmen alle Wünsche der Kunden und anderer Zielgruppen erfüllen muss, aber deren Anliegen, Interessen, Ängste und Wünsche müssen ernst genommen werden. Das versteht man unter Erwartungsmanagement. Dazu gehört das Wecken positiver und das Aufklären unrealistischer Erwartungen von Stakeholdern (die Geschäftsprognosen börsennotierter Unternehmen durch den CEO oder CFO sind ein Beispiel hierfür). Das Top-Management wird beim Wort genommen. Ein guter Ruf hilft, Erwartungen positiv zu beeinflussen.
- Der CEO ist der wichtigste **Beziehungsmanager** des Unternehmens. Er prägt wesentlich die „Stakeholder Relations", also die Beziehungen zu den Kunden und allen anderen Anspruchsgruppen des Unternehmens. Mit seiner Reputation trägt er maßgeblich dazu bei, dass das Unternehmen langfristig vertrauensvolle Beziehungen entwickeln kann. Wenn das gelingt, werden Unternehmen auch in Krisen oder Konfliktfällen weniger angreifbar.
- Der CEO hat eine herausgehobene kommunikative Rolle: Als oberster **Botschafter** des Unternehmens bietet er mediale Aufhänger und Nachrichtenwert, schafft Aufmerksamkeit für die Botschaften und Anliegen des Unternehmens, macht es präsent und unverwechselbar. Sein Statement wird verlangt. Aber nur mit einer guten Reputation auf der Basis von Glaubwürdigkeit und Vertrauen findet er auch angemessen Gehör. Kommuniziert er falsch, unpräzise oder nicht authentisch, wird er seinem Kommunikationsauftrag nicht gerecht und gefährdet seinen persönlichen Ruf sowie den des Unternehmens.
- Von dieser Rolle ist die des **Dialogführers** zu unterscheiden. Als Stimme und Gesicht des Unternehmens ist der CEO nicht nur der oberste Kommunikator, sondern fördert aktiv den Dialog mit der Öffentlichkeit sowie den internen Austausch. Im Dialog signalisiert er in besonderem Maße Leistungs- und Führungsstärke sowie Kompetenz.

Die genannten Rollen verändern ihre Bedeutung permanent. Je nach Situation und Kontext tritt mal die eine, mal die andere Rollenanforderung in den

Vordergrund. Die erfolgreiche Profilierung des CEO als Marke bedeutet, all diesen Rollen und Erwartungen trotz sich permanent wandelnder Rahmenbedingungen gleichermaßen gut gerecht zu werden und darüber ein klares, unverwechselbares Reputationsprofil aufzubauen.

Die Bausteine des CEO-Reputation-Managements: Sieben Handlungsfelder ergeben das Mosaik des guten Rufs

2

Sieben Handlungsfelder sind beim Aufbau und bei der Pflege des persönlichen Rufs von Spitzenmanagern zu berücksichtigen. Zusammen ergeben sie das individuelle Reputationsprofil des CEO. Das kann man sich wie die Bausteine eines Mosaiks vorstellen, in dem viele Facetten einen Gesamteindruck ergeben. Es sollte konsistent und widerspruchsfrei sein, denn Widersprüche zwischen den einzelnen Elementen der Reputation führen erfahrungsgemäß zu Verunsicherung oder Skepsis. Das kann dem Ruf schaden. In Abb. 2.1 finden Sie die sieben Handlungsfelder im Überblick.

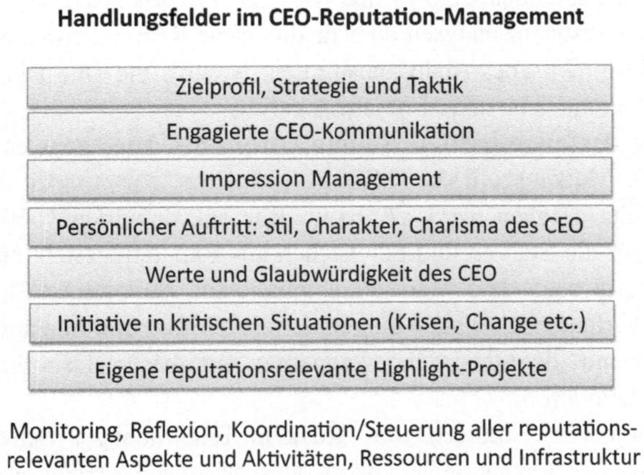

Handlungsfelder im CEO-Reputation-Management

- Zielprofil, Strategie und Taktik
- Engagierte CEO-Kommunikation
- Impression Management
- Persönlicher Auftritt: Stil, Charakter, Charisma des CEO
- Werte und Glaubwürdigkeit des CEO
- Initiative in kritischen Situationen (Krisen, Change etc.)
- Eigene reputationsrelevante Highlight-Projekte

Monitoring, Reflexion, Koordination/Steuerung aller reputationsrelevanten Aspekte und Aktivitäten, Ressourcen und Infrastruktur

Abb. 2.1 Sieben Handlungsfelder im CEO-Reputation-Management. (Quelle: Eigene Darstellung)

© Springer Fachmedien Wiesbaden GmbH 2017
W. Griepentrog, *Reputation Management für CEOs*, essentials,
DOI 10.1007/978-3-658-16973-2_2

2.1 Festlegung des angestrebten Reputationsprofils sowie der Strategie und Taktik im CEO-Reputation-Management auf Basis fortlaufender Analysen

Reputationsmanagement braucht grundsätzlich einen Plan und eine Strategie. Ebenso erfordert auch der Ruf des CEO eine strategische Ausrichtung und Klarheit darüber, wie seine Reputation konkret zum Erreichen der Unternehmensziele beitragen kann und soll, welche Chancen zur Stärkung des Reputationsprofils und welche Reputationsrisiken es gibt. Erst wenn all dies feststeht, kann man den Kurs für konkrete Maßnahmen festlegen.

Wichtige Elemente in diesem Handlungsfeld sind:

- **Analyse und konsequentes Monitoring** des aktuellen persönlichen CEO-Profils, d. h. der internen und externen Wahrnehmung des CEO-Auftritts (vor allem der medialen Präsenz) und dessen Bedeutung zum Unternehmensauftritt. Zu beantworten ist also der Fragekomplex: „Wie, in welchen Kanälen und von wem wird der CEO aktuell wahrgenommen? Welche Assoziationen löst das aus und wie zahlt der CEO-Auftritt auf das Profil der Unternehmensmarke und damit auf den Unternehmenserfolg ein?" Hierbei helfen Instrumente zur Einschätzung des aktuellen CEO-Profils wie z. B. Typ-Analysen, reputationsorientierte Medienresonanzanalysen oder methodische Reputationsanalysen (online/offline). Ein praktisches Analyseinstrument ist auch die Due Diligence in der Kommunikation (siehe unter Literaturangaben).
- Festlegung des **angestrebten Reputationsprofils.** Hier geht es darum, das persönliche Markenprofil des CEO zu definieren, also um die Frage: „Wie soll der CEO gesehen werden?" bzw. „Wie soll er wirken?" Wenn man im Schritt zuvor die Stärken und Schwächen aus Reputationssicht analysiert hat, beispielsweise besondere Managementqualitäten, persönliche Charakterzüge, Stil- oder Verhaltensmerkmale als reputationsrelevant und imagefördernd oder imagebelastend identifiziert hat, kann man auf dieser Basis ein geeignetes **Zielprofil** definieren.
- Identifikation von **Chancen und Risiken.** Ein wichtiger Schwerpunkt im Management der Reputation liegt darin, die spezifischen Reputationstreiber – das sind reputationsfördernde Aspekte und Chancen zur Profilierung – zu identifizieren und konsequent zu nutzen, aber auch drohende Reputationsrisiken frühzeitig zu identifizieren, kurzum zu klären: „Was fördert und was beeinträchtigt den

guten Ruf?" Reputationstreiber können Themenfelder sein, in denen der CEO ein besonders ausgeprägtes Profil entwickeln kann, aber auch besondere Kompetenzen oder Persönlichkeitsmerkmale, etwa eine charismatische Ausstrahlung oder besondere Werte. Solche Dinge machen das Profil eines Top-Managers interessant, attraktiv und unverwechselbar. Das Spektrum möglicher Risiken bzw. Reputationsfallen ist hingegen breit, es reicht von schwer kommunizierbaren unternehmensstrategischen Entscheidungen, über Ungeschicklichkeiten im Stil bis hin zu Kompetenzen, Überzeugungen oder Botschaften von Top-Managern, die nicht zur Philosophie, zum Markenkern oder schlicht zur aktuellen Lage des Unternehmens passen (man erinnere sich z. B. an die Hubschrauberflüge, rauschenden Feiern und fragwürdigen Geschäftsentscheidungen des ehemaligen Arcandor-Chefs Middelhoff). Selbst marginale Vorfälle wie eine unbedachte Äußerung des Spitzen-Managers oder auch bloße Gerüchte können in kurzer Zeit große öffentliche Aufmerksamkeit erfahren und den Ruf beeinflussen. Das Management der Reputationsrisiken ist deswegen nicht nur für das Standing des CEO entscheidend, sondern sollte auch generell in das Risikomanagements des Unternehmens eingebettet sein (dies hat möglicherweise auch Kapitalmarktrelevanz).

- **Strategie und Taktik** in der CEO-Reputation. Aus den vorangehend genannten Punkten wird dann der Weg festgelegt, auf dem das angestrebte Reputationsprofil erreicht werden soll. Dabei definiert man Schwerpunkte bzw. Prioritäten bezüglich der Kanäle und Maßnahmen (ohne die operativen Details schon an dieser Stelle auszuarbeiten). Man könnte sich zum Beispiel dafür entscheiden, vorrangig über exklusive digitale Netzwerke Agenda Setting in bedeutenden Themenfeldern zu betreiben und sich auf diese Weise ein ausgeprägtes digitales Reputationsprofil zu schaffen, das durch klassische Medienarbeit und neue, auf den CEO zugeschnittene Veranstaltungsformate abgerundet werden könnte. Es empfiehlt sich, die Strategie bzw. das taktische Vorgehen im Management der CEO-Reputation klar zu formulieren, damit es für alle Beteiligten (vor allem für den CEO und sein Kommunikationsteam) eine verbindliche Grundlage gibt.
- **Ressourceneinsatz.** Zu den strategischen Überlegungen gehört auch die Klärung der Frage, welche zeitlichen, personellen und finanziellen Ressourcen schwerpunktmäßig für welche Maßnahmen eingesetzt werden sollen. Die beste Strategie nützt wenig, wenn sie am Ende an den Kapazitäten scheitert und sich der CEO beispielsweise aus Zeitnot nur halbherzig um Reputationsanliegen kümmert.

2.2 Engagierte CEO-Kommunikation

Reputationsmanagement wird oft mit CEO-Kommunikation gleichgesetzt. Auch wenn diese Auffassung zu kurz greift, ist sie ein zentrales Element im Management des CEO-Rufs. Der Unternehmenschef kann sein Profil beispielsweise schärfen, indem er den gesellschaftlichen Dialog initiiert und aktiv gestaltet und so seine Themen auf die öffentliche Agenda setzt. Ziel ist es dabei nicht nur, seine fachlichen und strategischen Botschaften zu bestimmten (reputationsrelevanten) Themen zu vermitteln, sondern ihn generell als Themenführer oder interessanten Impulsgeber zu Themen der Wirtschaft und Gesellschaft zu positionieren. Dabei kommt es nicht allein auf Inhalte, sondern auch auf den angemessenen Rahmen, auf die Art, den Ablauf und den Moderationszusammenhang seines Auftritts, aber auch auf den richtigen Zeitpunkt an. Reputationswirksame CEO-Kommunikation muss viele Anforderungen erfüllen und erfordert daher einen eigenen genauen Plan. Mit Blick auf die vorhandenen praxisorientierten Fachbeiträge zu dem Thema sollen hier nur die für die Reputationsbelange wichtigsten Aspekte erwähnt werden.

Darauf sollte man achten:

- CEO-Kommunikation ist (als Element der CEO-Reputation) ein integraler Bestandteil der gesamten Unternehmenskommunikation und muss sich zwingend in deren Gesamtplan einfügen. In der Praxis erlebt man oft einen Bruch zwischen dem Auftritt des CEO und den Maßnahmen des internen und externen Kommunikationsauftritts des Unternehmens. Solche Diskrepanzen schmälern die Glaubwürdigkeit und Wirkung der Kommunikation.
- Kernbotschaften und Inhalte müssen zum CEO-Profil und zur Position passen. So konzentriert sich ein Top-Manager in der Regel auf strategische Botschaften vorrangig zum Unternehmen, zur Branche und zu gesellschaftlichen Themen. Würde er sich hingegen zu stark auf operative Themen einlassen, könnte das seine herausgehobene Position und damit seinen Ruf verwässern.
- Kanäle und Maßnahmen müssen ebenfalls genau zur beabsichtigten Reputationswirkung passen. Ungeeignete Maßnahmen oder ein unpassender Rahmen können das Profil des CEO ebenfalls verwässern. Die Kommunikation des CEO muss gleichermaßen exklusiv und authentisch wirken. So ist zum Beispiel ein CEO-Blog (ob intern oder auch extern genutzt) ein hervorragendes Instrument, um ein eigenständiges Profil des CEO als richtungsweisende, fach- und führungskompetente Person an der Unternehmensspitze zu etablieren und gleichzeitig persönliche Elemente wie Stil, Nähe oder eine bestimmte Werteorientierung authentisch damit zu verknüpfen. Das funktio-

niert am besten, wenn der CEO-Blog nicht nur eine herausragende Qualität hat, sondern auch im persönlichen, verbindlichen Stil überzeugt und wenn dieses Kommunikationsangebot nicht nur punktuell, sondern längerfristig gepflegt wird. Wenn aber umgekehrt ein CEO-Blog beispielsweise Themen aufgreift, die unattraktiv sind oder als zu operativ nicht der CEO-Rolle entsprechen, wenn der Stil unpersönlich oder erkennbar nicht authentisch ist oder wenn das Angebot nach einem halben Jahr eingestellt wird, dann kann solch ein Kommunikationsinstrument Profil und Ruf des CEO nicht schärfen, sondern – im Gegenteil – eher schaden. Auch bei der Teilnahme an öffentlichen Veranstaltungen, etwa einer Podiumsdiskussion, oder bei Interviews mit TV-, Hörfunk- oder Printmedien sollte man vorab genau den Rahmen, den Ablauf und die jeweilige Rolle des CEO berücksichtigen. Der Rahmen einer Veranstaltung, das Profil anderer Diskussionsteilnehmer, aber auch das Renommee von Printmedien, denen der CEO ein Interview gewährt, können den Ruf des CEO beeinflussen. So wird der Chef eines Dax-Konzerns beispielsweise in oberflächlichen Talkshows oder der Yellow Press anders wahrgenommen als wenn er die Keynote einer hochkarätigen Wirtschaftsveranstaltung hält. Das soll keineswegs bedeuten, dass Spitzenmanager im Interesse ihres Rufs auf Aktivitäten verzichten müssen. Im Gegenteil: Ein außergewöhnliches Engagement, auch Stilbrüche oder neue, ungewohnte Formate machen das Reputationsprofil interessant, aber man muss die Wirkung und die Stimmigkeit aller Aktivitäten insgesamt im Blick behalten. Erfahrungsgemäß nutzen Manager als Plattformen für die CEO-Kommunikation vorrangig Vorträge und Präsentationen innerhalb und außerhalb der Branche, sie sind außerdem in vielfältiger Form für die Medien zugänglich und bemühen sich, online und offline präsent zu sein. Weniger aktiv sind sie bislang in den Social Media (beispielsweise mit einem eigenen Twitter-Kanal). Mit zeitnahen persönlichen Einschätzungen oder Kommentaren zu aktuellen gesellschafts- oder wirtschaftsrelevanten Themen könnten sie ihr Reputationsprofil aber oftmals deutlich schärfen und sich von anderen CEO-Kollegen positiv abheben.

- Und schließlich ist bei der CEO-Kommunikation die unternehmensinterne Wirkung nicht zu unterschätzen. Für die CEO-Reputation gilt nämlich das Gleiche wie für die „Corporate Reputation": Eine Marke entsteht im Innern. Mitarbeiter und Führungskräfte müssen Vorgänge, Entscheidungen des Managements und die Relevanz bestimmter Themen kennen und verstehen. Daher muss CEO-Kommunikation zunächst innen ansetzen. Nur dann kann sie auch extern glaubwürdig wirken. Ein hervorragender öffentlicher Ruf nützt Top-Managern wenig, wenn Verständnis und Akzeptanz im Unternehmen, bei Führungskräften und Mitarbeitern, wegen unzureichender interner CEO-Kommunikation fehlen.

2.3   Impression Management

Einen starken Eindruck bei relevanten Stakeholdern zu hinterlassen, ist eine wichtige und oft unterschätzte Facette der CEO-Reputation. Das beeinflusst unmittelbar den Kommunikationserfolg und die persönliche Glaubwürdigkeit, denn Kommunikationspartner werden nicht nur an Botschaften und Argumenten, sondern vor allem am erzeugten Eindruck gemessen. Spezifische Stil- oder Identitätsmerkmale, bestimmte Symbole oder Verhaltensformen können dabei eine Rolle spielen. Den Prozess der systematischen Inszenierung nennt man „Impression Management". Es ist ein irrationaler Prozess, den man aber teilweise steuern kann. Was er beinhaltet, bringen beispielsweise Manfred Piwinger und Vazrik Bazil in folgender Definition auf den Punkt („Impression Management: Über Sein und Schein"):

> Welche Bedeutung unser Handeln hat, hängt von der Deutung der Mitmenschen ab. Impression Management bündelt die Eindrücke, welche die Menschen hinterlassen, nach Selbstkonzepten, die sie entweder haben oder, im Falle der organisierten Kommunikation, entwerfen und kontrollieren. Das Ergebnis heißt beim Erfolg Reputation, Ansehen, Glaubwürdigkeit usw. und ist als immaterieller Wert entscheidend z. B. für den unternehmerischen Erfolg.

In der Praxis genügt es, jeweils in bestimmten Situationen zu reflektieren, wie man als CEO erlebt werden möchte, und das eigene Verhalten daran auszurichten, zum Beispiel entlang der folgenden Fragen:

- „Wie möchte ich bei der Begrüßung als Keynote-Speaker einer Veranstaltung wahrgenommen werden (eher so, dass Rang und Bedeutung der Person hervorgehoben werden, oder als menschlich nahe, angenehme und interessante Person oder vielleicht als überraschender Querdenker, der ganz anders auftritt als vermutet)?"
- „Wie möchte ich als oberste Führungsperson in Krisen oder Konfliktsituationen wahrgenommen werden (sicherheits-, unternehmens- und regelorientiert oder mutig, pragmatisch und offen für die unterschiedlichen Belange und Interessen aller Konfliktparteien)?"
- „Wie möchte ich bei der Vermittlung unangenehmer Nachrichten wahrgenommen werden (ehrlich, transparent, fair berechenbar)?".

2.4 Persönlicher Auftritt, Stil, Charakter, Charisma

Jenseits fachlicher und strategischer Fähigkeiten sind persönliche Identitätsmerkmale im Auftritt des CEO entscheidend für seinen Ruf. So wie die Unternehmensidentität im Rahmen der Corporate Identity beschrieben und die Einhaltung von Regeln bzw. bestimmter Identitätsmerkmale im Interesse eines einheitlichen Auftritts verlangt wird, kann man auch die persönliche Identität des CEO anhand spezifischer Merkmale beschreiben. Dabei ist nicht Einheitlichkeit, sondern Stimmigkeit des CEO-Auftritts das Ziel (auch die Stimmigkeit zur Unternehmensmarke).

Jede einzelne Facette der „personal identity" des CEO prägt die CEO-Reputation, z. B.:

- die Wortwahl, der persönliche Sprachstil und Ausdruck,
- der visuelle Auftritt, das heißt: Kleidung, Frisur, besondere Schmuckelemente, Art und Größe des Firmenwagens, Büroausstattung und architektonische Repräsentanz, aber auch die vom CEO verwendeten Bildwelten, etwa oft gebrauchte Metaphern oder Vergleiche,
- der persönliche Geschmack.

Persönlichkeitsprägend ist auch das Verhalten des CEO im unternehmensinternen und externen Auftritt. Hierbei ist weniger das Entscheidungsverhalten als Top-Manager gemeint, sondern der Stil im Umgang mit anderen, das heißt, Offenheit, Extrovertiertheit, Distanz, Unnahbarkeit, auch ausgeprägte Empathie oder aber Narzissmus o. ä. Auch die Sicherheit im Auftritt, beispielsweise die Professionalität und Souveränität im Umgang mit Journalisten, prägt die Persönlichkeit. Besondere Rituale können in diesem Kontext ebenfalls wirksam werden, beispielsweise personentypische Formen, um Wertschätzung oder Dank zu zeigen, um gemeinsame Erfolge zu feiern oder die Firmentraditionen zu pflegen.

Zusammen prägen diese Eigenschaften die persönliche Ausstrahlung des Unternehmenschefs, sein Charisma, und beeinflussen erheblich, ob er beispielsweise eher als empathische Führungskraft oder als kühler Funktionär wahrgenommen wird und wie gut seine Persönlichkeit mit der Unternehmensmarke harmoniert. So passt beispielsweise ein sachlicher, kühler Sprachstil wenig zu einer emotional geprägten Marke, ein großer, spritfressender Dienstwagen passt nicht zu einem besonders nachhaltig ausgerichteten Unternehmen, ein hierarchiebetontes Auftreten des CEO vermittelt in der Regel nicht Flexibilität und Dynamik des Unternehmens.

2.5 Werte und Grundsätze

Herausragende Bedeutung für die CEO-Reputation hat die spürbare Orientierung an Werten und Grundsätzen. Top-Managern wird aktuellen Untersuchungen zufolge gemeinhin ein Ethikdefizit nachgesagt. Das ist nicht erstaunlich, weil zwischen unternehmerischen Interessen und gesellschaftlicher Verantwortung manchmal nur ein schmaler Grat liegt. Sie müssen daher glaubhaft und wirkungsvoll vermitteln, wie sie ihrer unternehmerischen, gesellschaftlichen und ökologischen Verantwortung gleichermaßen gerecht werden.

Als hilfreiches Orientierungssystem hat sich zum Beispiel das Glaubwürdigkeitsprinzip erwiesen. Es beinhaltet zehn Werte und Eigenschaften, die zur Glaubwürdigkeit im Management und in der Kommunikation beitragen können. Im Zentrum stehen die Werte Ehrlichkeit, Transparenz und Authentizität. Hinzu kommen Mut, Fairness und Respekt, Berechenbarkeit, Souveränität, Verantwortungsbewusstsein, Sinn für das rechte Maß und Professionalität (im Sinne konzeptionell-strategischer Exzellenz). Wer sich über die Praxisrelevanz des Glaubwürdigkeitsprinzips, das sich am Leitbild des Ehrbaren Kaufmanns orientiert, genauer informieren möchte, findet im gleichnamigen Buch sowie in der Folgepublikation „Glaubwürdig kommunizieren" umfangreiche Anregungen.

An welchen Werten sich ein CEO konkret orientiert, ist indessen zweitrangig. Entscheidend ist, dass die konsequente Reflexion und die bewusste Berücksichtigung der Prinzipien und Werte in der Praxis überhaupt stattfinden. Wenn sie neben den sachlichen und unternehmenspolitischen Kriterien die Basis aller strategischen und operativen Entscheidungen sind, trägt das wirkungsvoll zum Aufbau und zur Pflege der persönlichen Reputation bei.

2.6 Initiative in kritischen Situationen

Kritische Situationen wie Krisen oder schwierige Veränderungsprozesse sind generell eine Belastungsprobe für den guten Ruf und für die Glaubwürdigkeit des CEO. Die persönliche Reputation kann in solchen Phasen erfahrungsgemäß durch kleine Nuancen im Verhalten entweder massiv beschädigt oder aber in besonderer Weise gefestigt werden. Chance und Risiko liegen dicht beieinander. In Zeiten der Verunsicherung richtet sich die Aufmerksamkeit auf die Unternehmensspitze. Erwartet wird, dass sie gerade unter besonderen Belastungen das Richtige richtig macht.

Die Wahrnehmung des CEO wird ganz erheblich dadurch beeinflusst, wie gut er die Zusammenhänge in komplexen, kritischen Situationen transparent macht, dadurch für Orientierung sorgt, Sicherheit vermittelt und die angespannte Lage beruhigt. Wenn er neben fachlichen Fähigkeiten als Krisenmanager vor allem persönliche Initiative, Besorgnis und Empathie demonstriert, ist das in hohem Maße reputationswirksam.

Obwohl es hier im Grunde um allgemein notwendige Managementkompetenzen geht, werden in Krisensituation oft gravierende Fehler gemacht. So erlebt man beispielsweise immer wieder die bewusste und gewollte Intransparenz oder Verschleppung von Informationen aus Unsicherheit. Die Salamitaktik aus Angst, die Kommunikationshoheit zu verlieren, wird entgegen allen Empfehlungen und dem Wissen über die Konsequenzen immer wieder gewählt. Fehlende Betroffenheit aus mangelndem Verständnis der Stakeholdererwartungen führt immer wieder dazu, dass das Vertrauen in den CEO und seine Reputation genau dann verloren gehen, wenn sie am dringlichsten gebraucht würden. Sensibilität und Initiative in kritischen Situationen sind daher für das Management des guten Rufs enorm wichtig.

2.7 Eigene reputationsrelevante Highlight-Maßnahmen

Weithin unterschätzt wird, dass der Aufbau von Reputation die aktive Leistung des CEO bedeutet. Die Chefposition erfolgreich und verantwortungsbewusst auszuüben, das alleine reicht unter den heutigen Rahmenbedingungen nicht mehr, um den guten Ruf dauerhaft zu sichern und auszubauen. Es sollte ein besonderes, herausragendes Engagement des Managers an der Unternehmensspitze hinzukommen, um sein Profil erlebbar zu machen und seine Glaubwürdigkeit zu demonstrieren. Reputation ist nämlich an Erfahrungen gekoppelt. Sie basiert – so die Definition – auf der „Betrachtung, Einschätzung oder Berechnung eines Unternehmens bzw. einer Person durch die Öffentlichkeit". Highlight-Maßnahmen, die über das Mandat und das klassische Business eines CEO hinausgehen, sind deswegen ein gutes, reputationsförderndes Mittel.

Einige Beispiele verdeutlichen die Bedeutung und Wirkung solcher Highlight-Projekte:

- Wenn der Name Götz Werner, Gründer der dm-drogeriemarkt-Kette, genannt wird, denken viele an seinen unermüdlichen Einsatz für das bedingungslose Grundeinkommen. In diesem Engagement für eine konkrete gesellschaftspolitische Vision kommt nicht nur eine Haltung zum Ausdruck, sondern es wird aktives Handeln erlebbar (durch Vortragsreisen, Buchpublikation, Themenblog etc.). Das unterstreicht unabhängig davon, wie man zur Grundidee des Projekts steht, den Ruf Werners als verantwortungsbewusste und im gesellschaftlichen Interesse aktive Managerpersönlichkeit. Sein Engagement passt außerdem zur Philosophie der Unternehmensmarke und fügt sich als reputationsförderndes Element in den Gesamtauftritt des Unternehmens ein.

- Auch Michael Otto, ehemaliger Chef und heutiger Aussichtsratsvorsitzender der Otto Group, hat mit seinem umfangreichen und mit einem in seiner persönlichen, authentischen Form eindrucksvollen Engagement für Umwelt- und Nachhaltigkeitsbelange nicht nur seinen guten Ruf gesichert. Mit seinem Einsatz beispielsweise für die nachhaltige Baumwollproduktion hat er das Geschäft des Konzerns mit einem persönlichen Anliegen verbunden und damit seine Glaubwürdigkeit als verantwortungsbewusster Spitzenmanager und die des Handelskonzerns gestärkt.

- Auch die beeindruckenden, vielfältigen Initiativen der Gründer und ehemaligen Chefs von SAP, Dietmar Hopp und Hasso Plattner, haben nicht nur das Reputationsprofil dieser beiden Manager nachhaltig geschärft, sondern auch die Führungsrolle des Konzerns unterstrichen.

- Ein gutes Beispiel für den leidenschaftlichen Einsatz zugunsten gesellschaftlich relevanter Zukunftsprojekte, die über das eigene Geschäft hinausgehen, liefert auch Elon Musk. An seiner Person könnte man ausführlich beschreiben, wie sich ein starkes Reputationsprofil als Pionier und Visionär auch geschäftlich auszahlt.

- Dass einem als Beispiele reputationsrelevanter Highlight-Projekte zunächst bedeutende Unternehmer einfallen, ist gewiss kein Zufall, denn sie zahlen die notwendigen Aufwände hierfür aus eigener Kasse und müssen sie nicht rechtfertigen. Es gibt aber auch viele Beispiele festangestellter Top-Manager, die mit einem außergewöhnlichen Einsatz für bestimmte Projekte und Handlungsfelder über ihr Mandat hinaus, aber gleichwohl im Interesse des Unternehmens ein eigenständiges Reputationsprofil aufbauen. Besonders oft bezieht sich deren persönliches Engagement auf den Sport.

2.8 Koordination und Steuerung aller Handlungsfelder ist wichtig

Als Zusammenfassung dieser Kurzbetrachtungen der sieben Bausteine können wir folgende Empfehlungen festhalten:

1. Planen Sie die Sicherung und den Ausbau Ihres guten Rufs auf Basis einer kritischen Analyse. Entwickeln Sie individuelle Strategien und Taktiken, um die spezifischen Chancen Ihrer Manager-Reputation wirkungsvoll zu nutzen und möglichen Risiken gerecht zu werden!
2. Achten Sie in der CEO-Kommunikation nicht nur auf die zu Ihrer Position passenden und authentischen Botschaften, sondern auch auf die Angemessenheit von Kanälen und Umfeldbedingungen! Der Rahmen kann den Reputationserfolg beeinflussen.
3. Überlegen Sie stets vorher, welchen Eindruck Sie bei bestimmten Anlässen gegenüber Ihrem Zielpublikum hinterlassen möchten! Richten Sie Ihr Verhalten darauf aus.
4. Reputation ist auch eine Frage von Stil und Charakter. Reflektieren Sie, was Ihre persönliche Ausstrahlung prägt und wie Sie diese gegebenenfalls verändern oder deutlicher zum Ausdruck bringen können!
5. Orientieren Sie sich für andere erkennbar an verbindlichen Werten und Grundsätzen! Welche das im Einzelnen sind, ist zweitrangig. Hauptsache, Sie machen sich berechenbar und vermitteln Orientierung.
6. Bedenken Sie, dass der gute Ruf in kritischen Situationen besonders auf dem Prüfstand steht. Nutzen Sie genau dann die Chance zur Profilierung als führungsstarker, aber auch persönlich kümmernder Krisenmanager!
7. Der gute Ruf kommt nicht von alleine, sondern erfordert aktives Handeln. Schärfen Sie durch geeignete, außergewöhnliche Highlight-Maßnahmen Ihr persönliches Reputationsprofil!

Wie in allen kommunikationsrelevanten Feldern ist es auch im Management der CEO-Reputation wichtig, Kriterien festzulegen, anhand derer man positive oder negative Entwicklungen der verschiedenen Faktoren und Handlungsfelder erkennen kann. Einheitlich definierte Standards zur Reputationsmessung und -steuerung gibt es allerdings nicht, weder was den Ruf von Unternehmen noch den von Top-Managern betrifft. Für das Management der Corporate Reputation gibt es zwar professionelle Methoden und Instrumente, mit denen man auch die Wirkung von Reputationsmaßnahmen planen und messen kann – ein bekanntes Modell ist zum Beispiel das RepTrak-Konzept des Reputation Institutes, das Einfluss- und Wirkungsfaktoren entlang von sieben Dimension der Unternehmenswahrnehmung beschreibt (Qualität der Produkte und Dienstleistungen, Arbeitsumfeld und -bedingungen, Führungsposition des Unternehmens, soziale Verantwortung, ethische Standards, Innovationsstärke sowie Profitabilität und Finanzkraft). Für das Management des Rufs von Spitzenmanagern gibt es aber nichts Vergleichbares. Man muss folglich individuell passende Kriterien festlegen.

Wie geht man beim Aufbau und bei der Pflege des guten Rufs von Top-Managern vor?

3

3.1 Arbeitsschritte im CEO-Reputation-Management

Aufbau, Pflege und Weiterentwicklung der Manager-Reputation sind ein komplexer Prozess, in dem, wie in Kap. II dargestellt, viele Faktoren zusammenspielen. Diese erfordern ein systematisches Management.

Das operative Ziel des Prozesses ist es, das persönliche Profil des Top-Managers im Sinne eines unverwechselbaren, attraktiven CEO-Markenprofils zu schärfen und einen in sich widerspruchsfreien, zur Unternehmensmarke passenden, persönlichen Auftritt sicherzustellen. Dabei gilt es, die individuellen Reputationschancen des CEO zu identifizieren und konsequent zu nutzen, aber auch Risiken, die seinen guten Ruf beeinträchtigen können, frühzeitig zu erkennen.

Das strategische Ziel des Prozesses liegt darin, Vertrauen bei allen wichtigen Stakeholdern des Unternehmens auf- und auszubauen, denn wetterfeste Stakeholderbeziehungen sind die Grundlage für jede erfolgreiche unternehmerische Tätigkeit. Sie geben Rückenwind und Spielraum bei der Umsetzung der Geschäftstätigkeit, helfen aber auch in kritischen Situationen handlungsfähig zu bleiben.

Die wesentlichen Stufen im Ablauf des CEO-Reputation-Managements zeigt das Schaubild in Abb. 3.1.

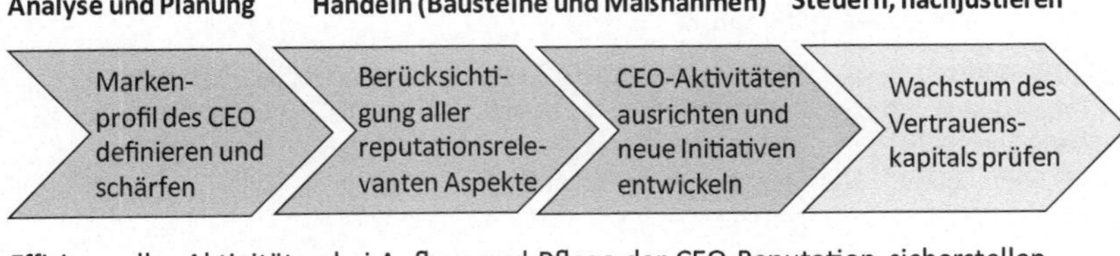

Abb. 3.1 Stufen im Ablauf des CEO-Reputation-Managements. (Quelle: Eigene Darstellung)

© Springer Fachmedien Wiesbaden GmbH 2017
W. Griepentrog, *Reputation Management für CEOs*, essentials,
DOI 10.1007/978-3-658-16973-2_3

Arbeitsschritte	Details	Nutzen
1.) Analysieren	Aktuelles CEO-Profil (Wahrnehmung des Charakters, mediale Präsenz und Positionierung). Situation und Wahrnehmung des Unternehmens (Erhebung z. B. mit „Due Diligence in der Unternehmenskommunikation")	SWOT-Betrachtung macht bestehende Reputations-chancen (Profilierungs-chancen) und Reputations-risiken deutlich
2.) Zielprofil festlegen	Entscheiden, wie der CEO wahrgenommen und wie er positioniert werden soll	Klarheit über angestrebte Positionierung
3.) Strategie und Taktik definieren	Strategische Leitplanken und Taktik, wie der gute Ruf gesichert werden soll. Auch Entscheidung, wieviel Personifizierung man zulassen will	Klare Orientierung für alle Aktivitäten im Manage-ment der CEO-Reputation (gilt für CEO und UK)
4.) Stakeholder-Erwartungen berücksichtigen	Analyse und Management der Stakeholdererwartungen	CEO hat Erwartungs-management als Aufgabe im Blick
5.) Botschaften festlegen und Storytelling aufsetzen	Festlegung von Kernbotschaften und Inhalten, die für den CEO-Auftritt wichtig sind. Festlegung von inhaltlichen Schwerpunkten. Ausarbeitung von Storylines für CEO-Kommunikation	CEO tritt mit überzeugen-den und abgestimmten Botschaften und spannenden Themen auf, die sein CEO-Profil schärfen und zum guten Ruf beitragen
6.) Planung der CEO-Kommunikation und des Impression Managements. Stil und Werte prüfen	Zeitlich/inhaltlich abgestimmte Maßnahmenplanung für interne und externe Kommunikation des CEO, abgestimmt auf die Unternehmenskommunikation. Aktivitäten des Impression Management. Feinjustierung von Stil/Auftritt	Maßnahmen und Aktivitäten werden als Teil eines integrierten UK-Auftritts effizient realisiert. Konsistenter, marken-konformer Auftritt
7.) Ressourcen, Infrastruktur und Bedingungen für CEO-Reputation managen	Sicherstellen, dass CEO und Kommunikationsteams alles leisten können, was zum Management des guten Rufs beiträgt.	Professionalität und Effizienz im CEO-Auftritt. Weniger Pannen und Fehler.

Abb. 3.2 Ablaufplan auf dem Weg zur guten Manager-Reputation. (Quelle: Eigene Darstellung)

Arbeitsschritte	Details	Nutzen
8.) Start oder Fortführung reputationsfördernder Maßnahmen. Kommunikation. Permanente Berücksichtigung aller reputationsrelevanten Faktoren im Verhalten und Auftritt des CEO	Ausrichtung des CEO-Auftritts an den strategischen Leitplanken, um angestrebte Wahrnehmung zu erreichen. Aktive CEO-Kommunikation, eingebunden in das Gesamtkonzept der Unternehmenskommunikation. Mediale Positionierung. Spezifische Initiativen und Maßnahmen	Starke Reputation erfordert Initiative und reflektiertes Handeln in allen Bereichen der CEO-Tätigkeit, insbesondere in der Kommunikation. Nach Reputationsverlust ist nur so ein neuer Vertrauensgewinn möglich.
9.) Monitoring und Erfolgskontrolle. Chancen und Aufhänger zur Profilschärfung prüfen	Veränderungen in der öffentlichen und internen Wahrnehmung des CEO sowie wichtige Einflüsse müssen auf dem Monitor bleiben und anhand vorab festgelegter Kriterien gemessen werden	Pflege und Sicherung des guten Rufs ist Daueraufgabe. CEO-Profil bleibt attraktiv und lebendig, wenn man immer wieder neue Aufhänger und Chancen zur Profilierung identifiziert und nutzt
10.) Kurs regelmäßig und insbesondere in und nach Risiko-Situationen prüfen	Veränderte Rahmenbedingungen oder situative Anforderungen (Krisen, Change etc.) stellen den guten Ruf immer wieder auf die Probe.	Keine Reputationsgefährdung in kritischen Situationen und generell

Abb. 3.2 (Fortsetzung)

Zur besseren Orientierung und Umsetzung in der Praxis kann man über diese Stufen hinweg insgesamt 10 Arbeitsschritte formulieren. Sie stellen das Arbeitsprogramm eines systematischen CEO-Reputation-Managements dar.

Dabei entfallen auf die Arbeiten zur Analyse und Planung die ersten sieben Arbeitsschritte. Die permanente Berücksichtigung aller Reputationsbausteine, die CEO-Kommunikation und die Umsetzung reputationsfördernder Maßnahmen sind hier als ein einziger Arbeitsschritt (Top 8) aufgeführt. Man sollte sich aber nicht täuschen: Dieser achte Schritt ist der umfangreichste Teil des CEO-Reputation-Managements und beinhaltet unter Umständen viele Detailkonzepte. Am Ende sollte man die Erfolgskontrolle bzw. das Monitoring der CEO-Reputation und deren Weiterentwicklung als weitere Arbeitsschritte berücksichtigen.

Das Schaubild in Abb. 3.2 zeigt den groben Ablaufplan auf dem Weg zur guten Manager-Reputation, an dem man sich orientieren kann.

Zu beachten ist bei den genannten Arbeitsschritten, dass das Management der CEO-Reputation stets ein individueller Weg ist. Jede weitere Detaillierung könnte nur beispielhaft sein. Es kommt darauf an, maßgeschneiderte, zum jeweiligen CEO genau passende Lösungen zu finden. Dabei sollte man auf Nachhaltigkeit anstelle von Effekthascherei setzen und auch Versuchungen einer einseitigen und selten zielführenden Profilierung (etwa als Medienstar) widerstehen.

3.2 Beliebigkeit ausgeschlossen: CEO-Reputation-Management ist Teil der integrierten Unternehmenskommunikation und auf partnerschaftliche Kooperation zwischen CEO und Kommunikationsteam angewiesen

Das Management des guten Rufs der Person an der Spitze des Unternehmens ist ein wesentlicher Bestandteil des gesamten internen und externen Kommunikationsauftritts. Der Unternehmenschef hat als Hauptakteur den obersten Kommunikationsauftrag (in der Regel ist die zentrale Kommunikationsverantwortung auch in seiner Ressortzuständigkeit festgelegt), der in unmittelbarer Wechselwirkung zu allen anderen Maßnahmen des Kommunikationsauftritts steht. Jede Art von Diskrepanz zwischen dem Verhalten und der Kommunikation des CEO und allen Kommunikationsaktivitäten müssen vermieden werden, weil sie zum Vertrauens- und Ansehensverlust des gesamten Unternehmens führen können. Deswegen müssen das Management der CEO-Reputation und der Unternehmenskommunikation im Sinne eines integrierten Auftritts eng verzahnt sein.

Mit Blick auf die optimale Erfüllung seines Kommunikationsauftrags, aber auch auf die Sicherung des guten Rufs ist der CEO auf die partnerschaftliche Zusammenarbeit mit seinem Kommunikationschef bzw. den führenden Kommunikationsmanagern angewiesen. Bei dieser besonderen Kooperation muss man auf bestimmte Facetten achten: Es geht nämlich nicht nur um Management- und Kommunikationskompetenz, sondern auch um die richtige Reflexion des gesamten Kommunikations- und Reputationsszenarios. Das setzt eine gemeinsame Haltung, gemeinsame Werte und eine besondere Struktur der persönlichen Beziehungen voraus, die kommunikations- und reputationsfördernd sein sollte. Persönliche Verbundenheit und ein permanenter, enger partnerschaftlicher Austausch auf Augenhöhe bilden das notwendige Fundament (Genaueres hierzu im Beitrag „Der CEO und sein Kommunikationschef – Typologie einer besonderen Partnerschaft").

Beide Akteure, CEO und Kommunikationschef bzw. die leitenden Kommunikationsmanager, sind mit Blick auf die Anforderungen der Manager-Reputation in spezifischer Weise gefordert. Dazu sollten sie folgende Fähigkeiten einsetzen:

- Markendenken und Fähigkeit zur Profilierung der Corporate Brand und des CEO als Marke
- Szenariokompetenz: Weitsicht im Erkennen von Zusammenhängen und möglichen Entwicklungen
- Empathie, vor allem mit Blick auf die Interessen und Erwartungen der Stakeholder sowie deren Wahrnehmung des CEO als Person, als Manager und als oberster Repräsentant des Unternehmens
- Überzeugungskraft im Top-Management
- Verantwortungsgefühl und leidenschaftlicher Einsatz für den guten Ruf des CEO.

3.3 Hauptdarsteller und Regieführer: Wie ist die Rollenverteilung der Akteure im CEO-Reputation-Management?

Auf der großen Bühne des wirtschaftlichen und gesellschaftlichen Auftritts haben Top-Manager die Rolle des Hauptdarstellers. Sie sind die Hauptdarsteller ihres Unternehmens. Sie sind die Handelnden: Ihr Verhalten, ihr Auftreten, ihre Kommunikation stehen im Vordergrund und prägen die Wahrnehmung des gesamten Unternehmens auf allen Ebenen. Regieführer ist aber die Kommunikation.

In Abgrenzung zum „Image", womit in der Regel ein durch vielfältige Maßnahmen (künstlich) geschaffenes Profil bezeichnet wird, basiert Reputation auf authentischem Verhalten. Man kann generell hinterfragen, ob es zulässig ist, Top-Manager als „Schauspieler" zu betrachten, oder ob sie eher der Authentizität verpflichtete Akteure sein sollten, die ihrer Funktion und nicht bestimmten Rollen gerecht werden müssen. Aber das muss kein Widerspruch sein. In der Praxis empfiehlt es sich, beide Facetten als zwei Seiten einer Medaille zu verstehen: als „authentisches Rollenspiel".

So, wie auch ein Regieführer Ordnung und Struktur in das Zusammenspiel vieler unterschiedlicher Akteure bringt, müssen auch die leitenden Kommunikationsmanager Ordnung und Struktur in den Auftritt ihres CEO bringen. Seine „Inszenierung" basiert weniger auf kommunikativen „Naturtalent", sondern auf Professionalität, systematischem Management und gutem Kommunikationshandwerk. Deswegen kommt es auf das gute Zusammenspiel des Spitzenmanagers als

Hauptdarsteller und der Kommunikationsmanager als Regieführer an. Die Kommunikationsprofis helfen dabei, dass der CEO die verschiedenen komplexen Rollen bedarfsorientiert, authentisch und perfekt ausfüllt.

Für das erfolgreiche Management der CEO-Reputation ist es entscheidend, dass Top-Manager diese Aufgabenteilung zwischen Hauptdarsteller und Regie akzeptieren und auf die Einschätzungen und Empfehlungen des Kommunikationsmanagements hören!

3.4 Welche Infrastruktur erfordert systematisches CEO-Reputation-Management?

Reputationsmanagement ist eine anspruchsvolle und vielschichtige Aufgabe, die mit einem nicht zu unterschätzenden Aufwand verbunden ist. Deswegen sollte man für das Management der CEO-Reputation ebenso wie für das der Corporate Reputation u. a. ausreichende personelle, budgetäre und zeitliche Ressourcen einplanen.

Hierzu gehört ein Team aus Kommunikationsmanagern und internen sowie externen Sparring-Partnern, das das Top-Management in allen reputationsrelevanten Fragen und Aktivitäten unterstützt, das heißt bei der Planung, Vorbereitung, Umsetzung und Begleitung entsprechender Maßnahmen. Bei diesem Support geht es nicht nur um die Qualität von Aktivitäten, sondern auch um die richtige zeitliche Planung. Reputationschancen müssen rechtzeitig genutzt und mit anderen Maßnahmen der Unternehmenskommunikation koordiniert werden, Reputationsrisiken erfordern ebenfalls nicht nur die richtige, sondern auch zeitlich genau getaktete Reaktion. Solchen zeitkritischen Anforderungen kann man nur mit ausreichenden personellen Kapazitäten gerecht werden.

Um Know-how und gute Impulse zur Entwicklung des guten Rufs sicherzustellen, braucht man Experten. Zum Kreis der Experten, die sich mit der Manager-Reputation befassen, sollten idealerweise auch analysestarke Profis gehören, die die Reputationsanforderungen (insbesondere den Reputationswettbewerb mit anderen Top-Managern und Unternehmen) frei von Akquise- und eigenen Geschäftsinteressen bewerten können – unabhängige Sparringspartner also. Je nach Bedarf gehören ins Team auch Trainer zur Verbesserung bestimmter reputationsrelevanter Kompetenzen, z. B. Rede- und Moderationstraining, ein „Impression Coach" o. ä.

Eine wichtige Ressource im Management des guten Rufs, die ebenfalls ausreichend zur Verfügung stehen sollte, ist außerdem die Zeit. Top-Manager sollten genügend eigene Zeit und Freiräume zur Reflexion einplanen, denn die Reflexion der eigenen Reputation erhöht die Performance und die Sicherheit im Auftritt, führt aber auch zu neuen Impulsen. Und natürlich muss genügend Zeit für reputationsfördernde Maßnahmen eingeplant werden, zum Beispiel für die Teilnahme an Top-Events mit hoher Medienpräsenz. Der besten Planungen der CEO-Reputation nützen am Ende wenig, wenn für entsprechende Aktivitäten die Zeit fehlt.

Was die Arbeitsschritte rund um Analyse, Planung und Erfolgskontrolle der Manager-Reputation betrifft, gehört zur Infrastruktur auch ein gut funktionierendes Monitoring. Dies sollte nicht nur mit dem Monitoring der Unternehmensthemen und dem Issue Management vernetzt sein, sondern auch verbindliche reputationsorientierte Erfolgskriterien und Kennzahlen („KPI") beinhalten.

Welche Risiken sollte man beim CEO-Reputation-Management im Blick behalten?

4

Reputation ist naturgemäß risikobehaftet. Führende Manager (insbesondere von großen Unternehmen) stehen im Mittelpunkt der Öffentlichkeit sowie des Interesses ihrer Stakeholder und damit permanent unter Beobachtung. In der oftmals aufgeheizten, sensationsgierigen Mediengesellschaft, die nach Diskrepanzen im Auftritt sucht, sind sie angreifbar und verletzlich – Lob und Neid liegen eng beisammen.

Erfahrungsgemäß dauert es lange, einen guten Ruf aufzubauen, aber er kann auch im Handumdrehen verlorengehen, wenn man mögliche Risiken nicht permanent im Blick hat. Das gilt für die Unternehmensreputation ebenso wie für den guten Ruf von Top-Managern.

Manche Risiken liegen auf der Hand und bedürfen hier keiner genaueren Erläuterung. So dürfte es jedem einleuchten, dass beispielsweise ein eklatanter Verstoß im Managerverhalten gegen gesellschaftlich akzeptierte Werte und Normen oder gegen verbindliche und bekannte Unternehmenswerte den Ruf beeinträchtigt. Ebenso ist klar, dass ein Personenkult um den CEO, den viele Spitzenmanager gerne zulassen, weil er Aufmerksamkeit schafft, zu erheblichen Reputationsproblemen führen kann. Übertreibungen und Entgleisungen von „Manager-Stars" kommen häufig vor und beschädigen den Ruf von Managern und Unternehmen nachhaltig. Nicht immer bewusst ist vielen Managern auch, dass eine zu extreme Personenfokussierung auf einzelne Köpfe die Unternehmensmarke verwässern und zum Wertekonflikt führen kann.

In der Praxis noch kritischer sind jedoch versteckte Risiken, die große Auswirkungen auf den guten Ruf haben können. Hiermit sollte man sich intensiv befassen und Vorkehrungen treffen. Ich nenne drei Beispiele, die in vielen Unternehmen zu beobachten sind – mit allen Konsequenzen für die Manager-Reputation.

© Springer Fachmedien Wiesbaden GmbH 2017
W. Griepentrog, *Reputation Management für CEOs*, essentials,
DOI 10.1007/978-3-658-16973-2_4

a. **Realitätsverlust**

Die Fähigkeit zur richtigen Einschätzung der eigenen öffentlichen und internen Wahrnehmung sowie der eigenen Reputation ist der Dreh- und Angelpunkt im Management des guten Rufs. Aber diese Fähigkeit ist durch die Rahmenbedingungen, denen Top-Manager ausgesetzt sind, gefährdet. Es ist ein häufig zu beobachtendes Phänomen, dass sich Spitzenmanager unter dem Druck des Erfolgs und der Angst, einen falschen Schritt zu machen, menschlich verändern. Je bedeutender die Position, je größer die bereits erreichten Erfolge, je höher die Aufmerksamkeit und das Gewicht in der Öffentlichkeit sind, desto größer das gefühlte Risiko. Die Furcht ist nicht unbegründet, denn eine Fehlentscheidung, ein falsches oder unterlassenes Signal, ein falscher Schritt macht aus einem hoch geschätzten Manager im Handumdrehen den Buhmann. Manager gehen mit diesen Zwängen unterschiedlich um. Manche schotten sich aus Unsicherheit ab, lassen nur wenige Impulsgeber an sich heran, wollen Signale nicht sehen oder interpretieren sie falsch, blenden Unangenehmes und Kritisches am liebsten aus. Wer an der Spitze einer Organisation oder eines Bereiches steht, ist naturgemäß einsam. Das gilt besonders für Top-Manager in großen Unternehmen. Sie arbeiten außerdem oft in einem Umfeld, das bewusst nicht die Realität des Unternehmens widerspiegelt. Dieses Phänomen habe ich im Beitrag „Zwischen Macht und „Unmündigkeit“: Was CEOs und PR-Manager von Immanuel Kant lernen können“ genauer beschrieben. Diese selbstverschuldete Isolation schwächt den Sinn und die Aufmerksamkeit für Reputationsbelange.

b. **Einflussnahme Dritter**

Ein häufiges, aber weithin unterschätztes Risiko für den guten Ruf ist die Einflussnahme von externen Ratgebern. Diese beeinflussen nehmen Entscheidungen und das Verhalten des Top-Managements nicht immer im Unternehmensinteresse, was die CEO-Reputation beeinflussen kann. Eine spürbare Folge ist oftmals mangelnde Authentizität.

c. **Mangelnde Sensibilität in bestimmten Phasen der Geschäftsführung**

Es gibt reputationskritische Phasen oder Situationen, die vorhersehbar sind und auf die man sich vorbereiten kann, z. B.:

- Die Etablierungsphase eines neuen CEO nach einem Wechsel im Top-Management. In dieser Phase muss sich der Top-Manager nicht nur in seinem Mandat etablieren, sondern auch rasch eine eigene Reputation aufbauen. Diese Weichenstellung zu Beginn seines CEO-Mandats hat langfristige Auswirkungen. Genauere Praxisanregungen für diese kritische Phase kann man im Beitrag „Kommunikation im CEO-Wechsel: Wie man kulturelle Risiken bei Veränderungen im Top-Management vermeidet“ nachlesen.

- Der Ablauf der 100-Tage-Frist nach einem CEO-Wechsel.
- Ermüdungsphasen nach langjähriger erfolgreicher Managementtätigkeit, in der die erwähnten Isolationseffekte eintreten können und Reputationsbelange in der Alltagsroutine leicht aus dem Blickfeld geraten.
- Der Vollständigkeit halber seien hier absehbare konfliktbeladene Situationen, etwa Veränderungsprozesse, genannt, auf die man sich auch aus Sicht der Manager-Reputation vorbereiten kann und muss. Wer sich auf solche vorhersehbaren bzw. planbaren Phasen nicht einstellt, schränkt seine Souveränität ein und riskiert persönliche Reputationsschäden.

Wie hilft dieses *essential* im professionellen Reputationsmanagement?

5

Wie profitieren Top-Manager und Unternehmen von diesem *essential* in der Praxis?

Top-Manager an der Spitze müssen nicht nur die Leistungsfähigkeit ihres Unternehmens sicherstellen, sondern auch dessen Reputation. Dafür ist ihr eigener Ruf entscheidend, denn die Öffentlichkeit sowie andere wichtige Stakeholder reduzieren das Unternehmen mit allen seinen spezifischen Leistungsversprechen und Werten auf die Person an der Spitze. Top-Manager sind die zentrale Identifikationsfigur, auf die alle Erwartungen, Wünsche, aber auch Enttäuschung und Kritik projiziert wird. Sie sind Stimme und Gesicht des Unternehmens. Ihr Ruf kapitalisiert sich als wichtigster immaterieller Vermögenswert. Daher sollte man ihn nicht dem Zufall und der Beliebigkeit überlassen oder gar leichtfertig aufs Spiel setzen.

Aufzufallen alleine reicht nicht. Vielmehr ist es entscheidend, wie man als CEO auffällt und die Wahrnehmung sowie Akzeptanz des gesamten Unternehmens beeinflusst. Unter permanenter Berücksichtigung der genannten Reputationsbausteine und der Arbeitsschritte zum Aufbau und der Pflege des guten Rufs kann man sich vorbereiten. Dabei kommt es nicht nur auf den Spitzenmanager selbst an, sondern auf das gute Zusammenspiel zwischen ihm als Hauptdarsteller, dem regieführenden Kommunikationsteam und ggf. weiteren relevanten Personen im Umfeld.

Das Management des guten Rufs ist ein sensibler und systematischer Prozess. Mit dem *essential* kann man die Praxisanforderungen dieses Prozesses im Blick behalten, Reputationschancen aktiv nutzen und für mögliche Risiken frühzeitig Vorkehrungen treffen.

Als Erkenntnis dieses *essentials* sollten Top-Manager an der Unternehmensspitze drei Aufforderungen verinnerlichen:

© Springer Fachmedien Wiesbaden GmbH 2017   31
W. Griepentrog, *Reputation Management für CEOs*, essentials,
DOI 10.1007/978-3-658-16973-2_5

- Sei aufmerksam und achte auf Deine Manager-Reputation und darauf, wie Du wahrgenommen wirst!
- Verstehe Dich als Hauptdarsteller des Unternehmens und die Kommunikationsmanager als Regieführer! Der gute Ruf ist keine Einzelleistung, sondern entsteht im Zusammenspiel.
- Werde aktiv! Der gute Ruf als Top-Manager kommt nicht von allein – nur durch gutes Management –, sondern braucht aktive Impulse.

Literatur

Anregungen und Beiträge zum Thema im Blog «Glaubwürdig kommunizieren» (www.glaubwuerdigkeitsprinzip.de)

Griepentrog, Wolfgang: Kommunikation im CEO-Wechsel: Wie man kulturelle Risiken bei Veränderungen im Top-Management vermeidet. September 2014.

Griepentrog, Wolfgang: Corporate Marketing als Kernaufgabe glaubwürdiger Unternehmenskommunikation: 12-Felder-Matrix unterstützt die ganzheitliche Betrachtung. August 2014

Griepentrog, Wolfgang: Zwischen Macht und „Unmündigkeit": Was CEOs und PR-Manager von Immanuel Kant lernen können. Oktober 2015

Griepentrog, Wolfgang: Wie baue ich ein nachhaltig erfolgreiches Reputationsmanagement auf? Mai 2011

Griepentrog, Wolfgang: Reputation mit System – Anregung für den guten Ruf. Juli 2014

Weitere Literaturhinweise und Quellen

Deekeling, Egbert/Arndt, Olaf: CEO-Kommunikation – Strategien für Spitzenmanager. Campus Verlag, Frankfurt am Main 2006

Ebert, Helmut: Persönlichkeit und Charisma – ein Beitrag zur CEO-Kommunikation. In: Bentele, Günter/Piwinger, Manfred/Schönborn, Gregor (Hrsg.): Kommunikationsmanagement (Loseblattwerk), Art.-Nr. 3.66, Köln: Luchterhand, 2010

Ebert, Helmut/Piwinger, Manfred: Wie die "Seele" eines Unternehmens ihren Ausdruck findet. In: Bentele, Günter/Piwinger, Manfred/Schönborn, Gregor (Hrsg.): Kommunikationsmanagement (Loseblattwerk), Art.-Nr. 3.111, Köln: Luchterhand, 2015

Griepentrog, Wolfgang: Der CEO und seinen Kommunikationschef – Typologie einer besonderen Partnerschaft. In: Kommunikationsmanager, 7. Jg. (2011), Heft 4, S. 38-41. Frankfurt am Main: F.A.Z.-Institut für Management-, Markt- und Medieninformationen, 2011

© Springer Fachmedien Wiesbaden GmbH 2017
W. Griepentrog, *Reputation Management für CEOs*, essentials,
DOI 10.1007/978-3-658-16973-2

Griepentrog, Wolfgang: Das Glaubwürdigkeitsprinzip. Vorbild Ehrbarer Kaufmann – ein Ratgeber für erfolgreiche Kommunikation, Leichlingen: epubli, 2010

Griepentrog, Wolfgang: Glaubwürdig kommunizieren – Praxisbeiträge zum Glaubwürdigkeitsprinzip, Leichlingen: BoD Books on Demand, 2012

Griepentrog, Wolfgang/Piwinger, Manfred: Due Diligence in der Unternehmenskommunikation. Wiesbaden: Gabler, 2016

Nessmann, Karl: Personen-PR – Personenbezogene Öffentlichkeitsarbeit. In: Bentele, Günter/Piwinger, Manfred/Schönborn, Gregor (Hrsg.): Kommunikationsmanagement (Loseblattwerk), Art.-Nr. 3.34, Köln: Luchterhand, 2005

Piwinger, Manfred/Bazil, Vazrik: Impression Management: Über Sein und Schein. In: Bentele, Günter/Piwinger,Manfred/Schönborn, Gregor (Hrsg.): Kommunikationsmanagement (Loseblattwerk), Art.-Nr. 2.35, Köln: Luchterhand, 2010

Piwinger, Manfred/Ebert, Helmut: Wie aus Niemand Jemand wird. In: Bentele, Günter/Piwinger, Manfred/Schönborn, Gregor (Hrsg.): Kommunikationsmanagement (Loseblattwerk), Art.-Nr. 1.06, Köln: Luchterhand, 2001

Piwinger, Manfred: Das Reputationsrisiko. In: Bentele, Günter/Piwinger, Manfred/Schönborn, Gregor (Hrsg.): Kommunikationsmanagement (Loseblattwerk), Art.-Nr. 2.68, Köln: Luchterhand, 2015

Piwinger, Manfred: Über Reputationsrisiko berichten. In: Center for Corporate Reporting (Hrsg.): The Reporting Times, Vol. 07/2015, S. 21, Zürich 2015